†

À LA MÉMOIRE

DE

MONSIEUR FRANÇOIS-MAURICE

COLIN

OFFICIER DE LA LÉGION D'HONNEUR

PRÉSIDENT DE LA CHAMBRE DE COMMERCE
CENSEUR DE LA SUCCURSALE DE LA BANQUE DE FRANCE
MEMBRE DE L'ACADÉMIE D'ARRAS
ANCIEN PRÉSIDENT DU TRIBUNAL DE COMMERCE
ANCIEN MAIRE DE LA VILLE D'ARRAS

NÉ A ARRAS LE 28 MARS 1800

Décédé le 29 Décembre 1878

R. I. P.

A LA MÉMOIRE

DE

MONSIEUR FRANÇOIS-MAURICE

COLIN

Né à Arras le 28 Mars 1800

Décédé le 29 Décembre 1878

R. I. P.

La mort, semblable à la foudre qui éclate soudain, est venue frapper subitement l'un des hommes qui honoraient le plus la cité d'Arras. Le 29 décembre 1878, M. Maurice Colin expirait.

Ses funérailles furent célébrées le 2 janvier 1879, au milieu d'un concours considérable de personnes appartenant à toutes les classes de la société et à tous les partis. Cette nombreuse assistance venait rendre un suprême hommage à l'homme public et à l'homme privé et voulait témoigner, par l'unanimité de ses regrets, de l'estime et de la sympathie universelles dont il était entouré.

Le deuil était conduit par MM. Delétoille et Moncomble, gendres du défunt, accompagnés de M. l'Abbé Roussel, Vicaire-général du diocèse et M. Gardin, chevalier de la Légion d'Honneur, Président du Tribunal civil. La famille était suivie des membres du Tribunal, de la Chambre de commerce et de l'Académie d'Arras.

Les cordons du poêle étaient tenus par : M. Paris, Sénateur, Président de l'Académie d'Arras; M. Wartelle de Retz, chevalier de la Légion d'Honneur, ancien Député, ancien Adjoint au Maire de la ville d'Arras; M. Deusy, Député, Maire d'Arras; M. Legrelle, Président du Tribunal de commerce ; M. Bellet-Lefebvre, Vice-Président de la Chambre de commerce, et M. Legentil-Trannin, Censeur de la succursale de la Banque de France.

Une compagnie du 3e régiment du génie rendait les honneurs funèbres à l'officier de la Légion d'Honneur.

Le service solennel fut célébré dans la Cathédrale par M. l'Archiprêtre. Mgr l'Évêque d'Arras y assistait. Sa Grandeur avait voulu apporter, avec ses prières, un dernier gage d'affection et d'estime à celui qui pendant toute sa vie fut pour l'Église un fils dévoué et un énergique défenseur.

La foule respectueuse qui se pressait sous les voûtes de la Basilique, attestait le caractère noble et loyal de M. Maurice Colin dont les talents égalèrent les vertus et venait prouver sa reconnaissance pour les nombreux services que, pendant un demi-siècle, il rendit à son pays et à sa ville natale.

A ce titre surtout, sa mémoire doit être conservée par ses concitoyens, nous accomplissons un devoir d'amitié et de gratitude en léguant à la postérité, les paroles prononcées sur sa tombe par des voix autorisées, qui ont retracé la vie de cet homme de bien.

Nous nous associons, du fond du cœur, à l'hommage rendu aux vertus civiques du magistrat et du citoyen par MM. Paris, Legrelle et Deusy, et à l'éloge du chrétien prononcé par l'Évêque d'Arras, Mgr Lequette, dans l'église de Notre-Dame des Ardents.

A. P.

BIOGRAPHIE DE M. MAURICE COLIN.

Extrait du journal *le Pas-de-Calais*,
du 1er janvier 1879.

M. Maurice Colin, que la mort vient de frapper, est une de ces personnalités qui imposent le respect à tous les partis et au nom desquelles s'attache un légitime et impérissable souvenir.

La Providence lui avait prodigué les qualités de l'esprit et du cœur : elle lui avait donné une intelligence d'élite, vive et prompte, une volonté forte où la fermeté n'excluait point la douceur, une passion ardente pour le juste et le bien, une activité prodigieuse et une facilité de travail extraordinaire. Ce sont ces dons précieux que M. Colin a généreusement consacrés pendant près d'un demi-siècle au service de sa ville natale.

Vers 1825, quelques années après avoir terminé ses études au collège Louis-le-Grand, à Paris, se sentant une aptitude spéciale pour le négoce, il avait repris les affaires de sa famille et s'était livré au commerce avec une ardeur et une perspicacité que le succès récompensait toujours. En peu de temps, le jeune négociant s'était fait une réputation distinguée parmi les notables commerçants. Chaque jour sa maison prenait une extension plus grande et réclamait des soins plus nombreux, quand le gouvernement du roi Louis-Philippe fit appel à son dévouement et le pria d'accepter la mairie.

C'était en 1837, l'ancienne administration venait de subir un échec relatif lors des élections pour le renouvellement partiel du Conseil municipal et elle s'était retirée. La situation était tendue et le gouvernement avait espéré rallier l'opposition en mettant à la tête de la municipalité un homme jeune, actif, jouissant de la considération publique, et que ses concitoyens avaient dès 1834 envoyé au Conseil municipal. Mais il n'en fut rien. La première séance après l'installation de M. Colin comme Maire et de MM. Wartelle de Retz et Pillain comme adjoints, l'opposition s'affirma de nouveau par une interpellation directe au Maire ; néanmoins la nouvelle administration, aussi fâcheusement inaugurée, vécut jusqu'en 1848, au milieu de luttes presque continuelles et de difficultés dont l'habileté et l'opiniâtreté de M. Colin surent presque toujours triompher.

Pour le récompenser, le gouvernement le nomma, en 1839, chevalier, et quelques années plus tard, officier de la Légion d'honneur.

M. Colin apporta dans la gestion des affaires de la cité le même zèle que dans celle de ses propres affaires. Il consacrait les heures du jour à ses concitoyens et donnait les heures de la nuit à sa maison de commerce qui continua à se développer et devint une des plus considérables de la contrée.

M. Colin se montra administrateur habile, prudent, vraiment économe des deniers publics, et sous sa magistrature, les habitants d'Arras ignorèrent presque ce qu'hélas ! ils connaissent trop bien aujourd'hui : les surtaxes d'octroi et les centimes additionnels et extraordinaires. Malgré cette administration économe, que quelques-uns taxaient de parcimonie, et qui n'était que prudente et sage, M. Colin put faire exécuter plusieurs travaux importants parmi lesquels nous citerons la reconstruction du beffroi, ou préparer par des acquisitions de terrains et de maisons l'exécution d'autres travaux, comme ceux de l'abattoir municipal.

M. Colin s'attacha particulièrement à favoriser l'extension du commerce de la ville et il ne négligea rien qui pût amener ce résultat.

Il donna à nos marchés une réglementation

modèle, que les villes voisines s'empressèrent bientôt d'imiter.

Mais le premier titre de M. Colin à la reconnaissance des habitants d'Arras est, sans contredit, l'établissement aux portes de la ville de la gare du chemin de fer. Quand M. Colin arriva à la mairie, au mois d'août 1837, le gouvernement avait depuis longtemps déjà déposé sur le bureau des Chambres le projet de loi portant construction du chemin de fer de Paris à la frontière par Lille. Mais Arras était complètement déshérité.

Le tracé proposé passait à *deux* lieues de la ville ; celle-ci réclamait, et ses observations n'étaient pas entendues ; M. Colin prit l'affaire en mains, fit dresser à la hâte sous sa direction personnelle des plans de nivellement, visita les terrains que devait traverser la voie ferrée, et muni de nombreux documents, il alla plaider les intérêts de la ville auprès du gouvernement et il gagna sa cause.

Enfin M. Colin n'a pas cessé, sauf quelques années à la fin de l'empire, de siéger au Conseil municipal, depuis 1834 jusqu'en 1878 ; il a donc consacré plus de quarante années de sa vie à l'administration de la ville.

Si, après 1848, M. Colin a moins directement collaboré à cette administration, il continua cependant de servir ses concitoyens sur d'autres théâtres, à la Chambre et au Tribunal de commerce, avec le même zèle et le même dévouement.

Il était entré à la Chambre de commerce en 1839, deux ans après que, grâce à son intervention comme maire, la création en avait été obtenue ; depuis lors, il n'en est point sorti et il a pris à tous ses travaux une part toujours active, souvent prépondérante. En 1867, il fut appelé à l'honneur de la présidence.

Parmi les institutions les plus importantes dues à l'initiative de la Chambre de commerce et aux démarches personnelles de M. Colin, nous devons signaler, à notre point de vue local, la création d'une succursale de la Banque de France à Arras, en 1856. M. Maurice Colin, à l'ouverture de cette succursale, en fut nommé censeur et, en cette qualité, il a aidé de ses lumières et de ses bons conseils tous ceux qui ont été appelés jusqu'à ce jour à diriger cet important établissement.

Cette intelligence supérieure des affaires, cet esprit droit et juste, qui le faisaient si justement apprécier à la Chambre de commerce et à la Banque de France, il en donna des preuves non moins remarquables au Tribunal de commerce où il siégeait comme juge suppléant dès 1832 et comme juge titulaire en 1835.

Dès qu'il fut maire, il dut résigner son mandat; mais rentré dans la vie privée, il fut aussitôt réélu par ses concitoyens, qui le nommèrent président; il y a deux ans à peine, il remplissait encore ces fonctions où il montra une connaissance si approfondie du droit commercial que peu de ses jugements furent réformés.

Au milieu d'une vie administrative et commerciale aussi bien remplie, son activité lui faisait encore trouver quelques instants de loisir pour la culture des lettres et des arts. Dès 1831, l'Académie d'Arras lui avait ouvert son sein et plusieurs fois elle le chargea du rapport sur les concours d'histoire.

M. Colin s'occupait surtout des recherches sur le vieil Arras et l'Artois; il rédigeait sur les fouilles qu'il faisait pratiquer, et sur les études auxquelles il se livrait, des notes intéressantes, qu'il abandonnait ensuite libéralement à ses amis; c'est ainsi que beaucoup d'ouvrages ont été publiés avec sa collaboration anonyme.

Il nous reste à parler du chrétien. La foi de M. Maurice Colin ne fut point une foi morte; elle s'affirmait par des actes. Pendant ses fonctions de maire, il s'est montré sans cesse pour le clergé et pour l'Église un fils dévoué.

Au sein du Conseil municipal, il prenait toujours la défense de la religion.

Attaquait-on les processions, il ne s'inquiétait point des criailleries des libres-penseurs et il protégeait la liberté du culte.

S'acharnait-on contre les Frères des écoles chrétiennes et voulait-on réduire leurs subventions, immédiatement il vengeait ces modestes instituteurs du peuple.

Comme homme privé, il prit une part active à toutes les manifestations religieuses, et notamment aux fêtes du Bienheureux Benoit-Joseph Labre et de Notre-Dame des Ardents, et il y a un an, pour lui manifester la reconnaissance des catholiques, on le nommait premier mayeur de la Confrérie restaurée de N.-D. des Ardents.

A tout point de vue M. Maurice Colin était donc véritablement un homme de bien, un de ces hommes qui honorent une cité et dont la perte est un deuil pour leurs concitoyens.

DISCOURS DE M. PARIS

Ancien Ministre des Travaux publics, Sénateur,
Président de l'Académie d'Arras.

Messieurs,

La foule qui se pressait, il y a quelques instants, autour de ce cercueil, le cortège d'amis qui l'accompagne jusqu'au terme du dernier voyage, attestent, par l'unanimité de leurs regrets, que la ville d'Arras vient de perdre, en la personne de M. Maurice Colin, un des hommes qui, pendant la seconde moitié de notre siècle, l'ont davantage servie, aimée, honorée, — disons le mot, — le premier Bourgeois de la cité.

L'Académie d'Arras prend une part d'autant plus vive à la douleur commune que ce deuil public devient pour elle un deuil de famille. Nous voyons, en effet, disparaître un de nos doyens d'âge, emporté par un coup soudain, comme le chêne de la forêt, alors que la vigueur de sa verte vieillesse semblait lui promettre encore de longs jours.

Je laisse à d'autres le soin de mettre en

pleine lumière les services si nombreux et si variés que M. Maurice Colin rendit à ses concitoyens.

Vous savez de quelle droiture d'âme, de quelle solidité d'esprit, de quelle connaissance des affaires commerciales il fit preuve dans l'exercice de la justice consulaire ; quel concours il apporta, jusqu'à la fin de sa carrière, aux délibérations de la Chambre de commerce ; combien il contribua, par son initiative et sa persévérance, à l'érection de la succursale de la Banque de France et à la fondation de la Bourse.

On vous rappellera, sans doute, le beffroi restauré, l'église Saint-Nicolas construite, le chemin de fer rapproché de nos murs, les quais extérieurs s'offrant aux besoins de la navigation, le contrôle sévère du marché assurant un des principaux éléments de notre prospérité locale, les finances municipales administrées avec une prudente économie ; ces souvenirs sont vivants parmi vous.

Et si je recherche quel mobile inspira tant d'efforts si longtemps soutenus, j'affirmerai, sans crainte d'être démenti, que M. Maurice Colin aimait profondément la ville où ses pères avaient reçu droit de bourgeoisie, qui avait abrité son berceau comme elle protégera sa tombe, qui était devenue le centre de ses relations d'amitié, en même temps que le siège de ses affaires.

La cité était à ses yeux l'extension de la famille. Tant qu'il s'agissait d'Arras, il allait au devant des charges de la vie publique et en supportait allègrement le fardeau ; jamais, au contraire, on ne le vit accepter un mandat qui l'attachât au service d'intérêts étrangers à la ville d'Arras.

Cet amour du pays natal, que l'on serait tenté de taxer d'exagération si l'on n'en constatait les effets, avait amené M. Maurice Colin, dès ses jeunes années, à s'occuper d'histoire locale ; la coopération qu'il apportait aux affaires du jour ne l'empêchait pas de se reporter aux annales du passé. Il acquit ainsi un grand fonds de connaissances et se trouva naturellement désigné aux suffrages de l'Académie d'Arras. Dès 1831, l'Académie lui ouvrit ses portes.

Les registres de nos séances constatent que, pendant une longue période, il s'occupa de nos travaux habituels, traitant avec la même compétence tantôt quelque point d'histoire sujet à controverse, tantôt une question juridique, le plus souvent les problèmes économiques, qui s'imposaient, alors comme aujourd'hui, à l'attention des esprits sérieux.

Mêlé à des luttes très vives, se montrant

dans la discussion un habile et ferme lutteur, M. Maurice Colin n'oubliait pas combien l'esprit de concorde est nécessaire à l'harmonie des sociétés. Ainsi, il y a trente-neuf ans, presque jour pour jour, chargé par l'Académie de prononcer les paroles d'adieu sur la tombe de M. Mayoul de Sus-Saint-Léger, ancien maire d'Arras, il rappelait avec émotion les malheurs de son prédécesseur, dont le père avait été emprisonné par la Terreur, dont la mère et les deux sœurs, *flores martyrum*, avaient été immolées, et il le félicitait de s'être dévoué aux intérêts de la ville où il avait trouvé, au retour de l'exil, d'aussi tristes souvenirs.

L'activité de M. Maurice Colin le portait à faire partie des commissions de l'Académie et à se charger des rapports auxquels donnent lieu nos concours annuels. Membre de la commission à qui l'on confia, dans l'arrondissement, la conservation des monuments historiques, et qui se transforma bientôt en commission des Antiquités départementales, il publia un Mémoire des plus intéressants sur l'Hôtel-de-Ville et le Beffroi. Les annales de notre Académie renferment diverses notices dues à M. Maurice Colin, des rapports étendus sur nos établissements de bienfaisance et sur l'histoire de l'enseignement dans la ville d'Arras. Ces documents, que la mort rend pour nous plus précieux, révèlent un véritable talent de claire exposition, de fine analyse, de judicieuse critique. M. Maurice Colin s'est plu à constater, rendant à la vérité un hommage appuyé sur des preuves surabondantes, un fait qu'il est peut-être opportun de rappeler aujourd'hui, c'est que nos hôpitaux et nos écoles ont été fondés, enrichis, entretenus par l'Église et par ceux qui pratiquaient, comme M. Maurice Colin, ces deux vertus que la religion enseigne : Foi et Charité.

L'Académie d'Arras avait confié à M. Maurice Colin les fonctions de chancelier. Elle avait reconnu en lui, à côté du mérite scientifique et littéraire, d'éminentes qualités de l'esprit et du cœur; elle avait apprécié la vivacité de son intelligence, la facilité de son travail, l'amour de la justice, la force d'âme, la tenacité des résolutions, qui font le caractère : *Justum et tenacem propositi virum.*

Depuis quelques années, M. Maurice Colin assistait trop rarement à nos réunions hebdomadaires, mais, semblable à ces anciens maîtres du barreau qui, s'éloignant de l'audience avant l'âge de la retraite, donnaient encore à leurs clients l'assistance de leurs conseils, M. Maurice Colin, resté simple et accessible à tous, continuait à faire profiter ceux qui vou-

laient bien le consulter, — et le nombre en était grand, — des lumières de son expérience et des trésors de son érudition.

M. Maurice Colin est entré dans un monde meilleur; il laisse à ses amis, à ses concitoyens un exemple et des traditions; il laisse à sa famille désolée, avec la fortune et les honneurs dont ce lieu proclame la fragilité, des biens moins périssables : une mémoire respectée, un nom qui restera en possession de l'estime universelle, et, comme suprême consolation, le souvenir d'une vie chrétienne et un dernier regard que, surpris par la mort, il a élevé vers Dieu !

DISCOURS DE M. LEGRELLE

Président du Tribunal de commerce, Conseiller général,
Membre de la Chambre de commerce.

Messieurs,

Au milieu de ce nombreux concours de parents et d'amis venus pour rendre les derniers devoirs à l'homme de bien, permettez-moi d'élever un instant la voix pour payer un suprême et respectueux hommage à la mémoire de l'honorable concitoyen dont nous déplorons la perte, et qui fut pour ses collègues un ami véritable en même temps qu'un collaborateur dévoué.

M. Maurice Colin naquit à Arras en l'année 1800. C'est à Arras qu'il a passé sa vie, c'est au milieu de nous que la mort est venue le frapper. A ces titres, Messieurs, M. Maurice Colin nous appartient tout entier.

Habitué de bonne heure au travail, M. Maurice Colin, jeune encore, entra dans les affaires. Négociant habile, il apporta dans ses relations commerciales cette loyauté parfaite dont il connaissait tout le prix, et qui, dès le début, fit de sa maison une des plus importantes et des plus considérées du pays. Il savait que le succès ne s'obtient en toutes choses, que par le travail et la persévérance, et que pour être durable, il faut que le temps, qui ne consacre rien de ce qui se fait sans lui, vienne consolider l'œuvre commencée.

Les hautes capacités de M. Maurice Colin ne devaient pas le laisser longtemps ignoré ; dès 1832, les notables commerçants l'appelèrent par leurs suffrages à l'honneur de siéger au Tribunal de Commerce. Il devint juge en 1835 et fut successivement maintenu dans les fonctions de président depuis 1851 jusqu'en 1876.

Tous ceux, Messieurs, qui ont eu l'honneur de partager ses travaux diront combien était grande la droiture de son jugement, quelle connaissance profonde il avait et des hommes et des choses. Nous, Messieurs, ses collègues, mais aussi ses élèves, qui, dans ce jour de deuil, déplorons si vivement sa mort, devons à sa mémoire, d'exprimer avec quelle sympathique bienveillance il accueillait ceux qui, plus jeunes et moins expérimentés, venaient lui demander un conseil toujours précieux à recueillir.

Le Tribunal de Commerce ne fut pas le seul témoin du labeur incessant auquel M. Maurice Colin consacrait son temps et ses soins. Administrateur de la Banque de France à Arras depuis sa fondation, membre de la Chambre de Commerce en 1840, M. Colin en fut élu le président en 1867.

Notre regretté concitoyen trouva dans ces fonctions importantes et délicates l'occasion de faire apprécier toutes les facultés qui le distinguaient et de rendre au commerce et à l'industrie du pays les plus grands services.

Il sut défendre leurs intérêts partout où ils pouvaient être menacés ; et si sa parole, toujours écoutée, eut souvent gain de cause, il le dut surtout à cette légitime influence qui s'attachait à son nom et à la haute estime dont il était entouré.

Une voix plus autorisée que la mienne vous dira, Messieurs, les titres nombreux qui désignent M. Maurice Colin à la reconnaissance de ses concitoyens, les améliorations utiles dont la ville d'Arras lui est redevable, tout le bien qui a été fait sous son administration municipale. Pour nous, nous ne voulons ajouter qu'un mot, c'est que partout où il y avait un service à rendre, partout où une infortune était à soulager, là enfin où était le devoir, on était toujours certain de rencontrer M. Maurice Colin.

Sa mort sera pour la ville d'Arras un deuil

général ; elle sera cruelle pour sa famille, qui perd en lui un chef vénéré et respecté ; mais elle recueillera comme le plus précieux des patrimoines le nom justement honoré qu'il lègue à ses enfants, et le souvenir de toutes les bonnes œuvres auxquelles il s'est associé.

Conservons pieusement, Messieurs, le souvenir des traditions que M. Colin nous laisse ; que sa vie soit un exemple pour les générations qui nous succéderont ; elles y puiseront de salutaires enseignements. En l'étudiant, elles apprendront comment, avec de la volonté et un grand amour du bien, on peut utilement servir son pays et mériter la reconnaissance publique.

DISCOURS DE M. DEUSY

Maire de la ville d'Arras, Député, Conseiller général.

Messieurs,

Le solennel hommage qui vient d'être rendu à la mémoire de M. Maurice Colin par le Tribunal de commerce et l'Académie, me permet de dire que la ville d'Arras a perdu en lui l'un de ses meilleurs citoyens, et je ne saurais sans ingratitude me dispenser d'acquitter, sur sa tombe, la dette de la reconnaissance publique.

C'est comme maire d'Arras que je viens honorer la dépouille mortelle de M. Maurice Colin qui nous a légué tant d'exemples salutaires bons à signaler aux générations à venir.

Peu d'hommes ont rendu plus de services à la ville d'Arras ; bien peu l'ont honorée à un si haut degré par leurs travaux et leurs vertus.

Pendant quarante ans, il a siégé sur les bancs du Conseil municipal ; pendant onze ans, soutenu par l'estime et les sympathies de ses concitoyens, il a rempli les fonctions de maire. Ce fut dans cette grande position que se révélèrent surtout les éminentes qualités qui vaudront à sa mémoire d'être longtemps honorée.

Il avait dit dans son discours d'installation, en 1837 :

« Je me suis fait de l'accomplissement du
« devoir une obligation de toute ma vie, sans
« me laisser arrêter ni par les sacrifices, ni
« par les difficultés.

« Le commerce m'a donné des habitudes de
« travail, d'ordre et d'économie que je porte-
« rai dans l'administration.

« Il me sera doux de faire le bien pour la ville
« d'Arras, notre cité de prédilection. Puisse-
« t-elle avoir la plus grande part d'honneur,
« de gloire et de bonheur ! »

Ces belles et patriotiques paroles, qui expliquent si bien toute la vie de M. Colin, annonçaient à la ville les services qu'il saurait lui rendre.

A peine entré en fonctions, il n'a plus d'autre préoccupation que la prospérité de sa chère cité.

Malgré l'opposition la plus ardente il déploie, pour la défense des intérêts dont il avait la charge, et pour la réalisation de projets longtemps étudiés, une force de volonté, une persévérance dans la lutte qui renversent les obstacles et amènent le triomphe de ses idées.

C'est ainsi, et nous tenons à le rappeler pour sa gloire, qu'il a obtenu l'établissement, à Arras, d'une Chambre de Commerce, dont il devait être plus tard l'éminent président, et qu'il a pu répondre aux vœux persistants de la population en réunissant la ville et la cité, séparées jusqu'alors par des remparts d'un autre âge.

C'était un véritable Artésien, dur au travail, tenace, fortement trempé, accomplissant son devoir avec ponctualité, bravant les fatigues et réalisant, sans bruit, les plus grandes entreprises.

Vous tous qui l'avez connu, qui l'avez vu à l'œuvre, et qui êtes ici réunis dans une même pensée de tristesse et de deuil, vous pouvez dire si le portrait est ressemblant.

Le Gouvernement ne pouvait rester indifférent en présence de travaux et d'un dévouement que lui signalait la reconnaissance publique. M. Colin reçut une récompense, dont il était vraiment digne, la croix d'Officier de la Légion d'honneur, après celle de Chevalier.

Il quitta la mairie en 1848, sans se laisser abattre ou même entamer par les événements, restant toujours fidèle aux convictions de sa jeunesse, et suivant, à travers les secousses de notre histoire contemporaine, la ligne qu'il avait choisie.

Il y a un an, invoquant son grand âge pour jouir enfin d'un repos mérité, il a quitté le Conseil municipal. On ne le revit plus à l'Hôtel-de-Ville, mais sa pensée y retournait souvent et en revenait pleine d'une juste fierté et du regret de n'avoir pu servir davantage la ville qu'il avait tant aimée.

M. Maurice Colin avait abandonné la vie publique pour se consacrer tout entier à sa famille, dont il était l'âme et l'orgueil. C'est là, près de ses enfants qui le vénéraient, près de celle qui fut la compagne si digne et si dévouée de sa vie, que ses vertus brillaient d'un éclat sans égal. Il restera dans nos souvenirs le modèle accompli du chef de famille.

M. Maurice Colin n'est plus. — Un cortège respectueux et reconnaissant le conduit jusqu'au seuil des éternelles demeures, et Dieu, qu'il a toujours servi, l'a recueilli dans sa miséricorde.

N'est-ce pas, pour sa famille, pour la noble femme qui le pleure, une consolation, s'il en est d'autres que les larmes, pour une si cruelle douleur.

Je m'incline, avec vous tous, devant cette tombe, et, au nom de la ville d'Arras, j'adresse un dernier adieu à M. Maurice Colin.

PAROLES

PRONONCÉES PAR MONSEIGNEUR L'ÉVÊQUE D'ARRAS

Au service célébré pour M. Maurice Colin, dans l'église de Notre-Dame des Ardents.

Messieurs de la Confrérie de Notre-Dame des Ardents,

A l'issue du service funèbre que vous venez de faire célébrer pour le repos de l'âme de votre Mayeur titulaire, il nous en coûterait de ne pas rendre à sa mémoire vénérée un hommage qui soit l'expression de vos regrets bien sentis. Sans doute, il y a quelques jours, auprès de la tombe où ses restes mortels allaient être déposés, des voix éloquentes se sont fait entendre pour décerner un témoignage bien mérité à une carrière qui a été si dignement remplie en ce bas monde. Mais ce sont surtout les qualités et les vertus civiles de M. Maurice Colin qui ont été exaltées; et certes nous avons tous pleinement applaudi aux justes éloges dont il a été l'objet. Toutefois, Ministre de la Religion, en face même de cet autel où vient d'être offert l'auguste sacrifice, n'avons-nous pas à rendre hommage aussi à d'autres vertus qui auront pesé d'un plus grand poids dans la balance de la justice divine? Celui que nous entourons en ce moment de nos regrets n'a pas été seulement un bon citoyen, dévoué à la patrie, à cette chère cité d'Arras dont il se glorifiait d'être l'enfant; il a été surtout un chrétien, et un chrétien pratiquement fidèle à ses convictions religieuses.

Issu d'une famille où les traditions de la foi avec les devoirs qu'elle comporte ont toujours été en honneur, M. Maurice Colin, dans sa vie publique comme dans sa vie privée, se montra toujours le digne représentant de ces traditions. Qu'il nous suffise de détacher rapidement quelques traits de cette existence où la religion a eu sa place noblement marquée.

A la suite des événements de 1830, les processions avaient été suspendues. Les habitants d'Arras, pendant quelques années, éprouvèrent le regret de voir les rues de leur cité déshéritées de ces démonstrations publiques qui plaisent tant à la foi de nos religieuses contrées. A peine M. Maurice Colin fut-il investi des fonctions de Maire que le retour des processions accoutumées signala heureusement le début de son intelligente administration.

La partie de la Cité, où s'élevait si majestueusement l'ancienne Cathédrale de Notre-

Dame, renversée par le vandalisme révolutionnaire n'offrait plus à la satisfaction des besoins religieux de ses nombreux habitants qu'une chapelle trop insuffisante par son exiguité; M. Maurice Colin comprit le devoir de porter remède à cette regrettable situation. Grâce à son activité persévérante qui sut triompher de nombreux obstacles, la paroisse de Saint-Nicolas se trouva dotée d'un édifice qui, élevé sur l'emplacement même de l'ancienne cathédrale, peut dans ses proportions répondre plus amplement aux exigences du service divin.

En 1860, lorsque notre vénéré prédécesseur, Monseigneur Parisis, célébra par des solennités si grandioses, la béatification du pieux enfant de l'Artois, Benoît-Joseph Labre, M. Maurice Colin toujours jaloux des gloires de nos contrées, s'associa bien dignement à cette triomphale démonstration, non seulement par une gracieuse hospitalité offerte à l'un des nombreux prélats convoqués à ces fêtes, mais encore par la somptueuse décoration de sa demeure. On ne saurait oublier comment, par une arcade suspendue dans les airs, il sut ingénieusement éluder les entraves apportées à la décoration des rues de la cité.

Plus tard, le Saint-Siège, gêné dans ses

ressources par suite des *envahissements* successifs dont son domaine temporel était l'objet, ~~u~~t devoir émettre un emprunt et faire ainsi ~~appel~~ au dévouement des catholiques; ~~M~~. Maurice Colin fut dans la cité d'Arras un ~~d~~es plus ardents propagateurs de cet emprunt; et dès lors ce zèle n'était-il pas un éclatant témoignage de l'intérêt que lui inspirait la noble cause de l'Église au milieu des graves circonstances où elle se trouvait.

L'antique et grande Confrérie du Saint-Sacrement établie dans l'église Saint-Géry comptait au nombre de ses membres dévoués celui dont nous honorons la mémoire. Le magnifique reposoir qu'il faisait dresser chaque année, non loin de sa demeure, pour la procession de la Fête-Dieu, n'était-il pas aussi un témoignage éloquent de sa vive foi au plus auguste des mystères de notre sainte religion.

Mais, Messieurs, en ce moment où nous sommes réunis dans ce gracieux sanctuaire de Notre-Dame des Ardents, que n'aurions-nous pas à dire du concours qu'il sut prêter à cette réviviscence d'un pays qui lui était particulièrement cher! Oh! comme il nous encouragea dans cette entreprise que la divine Providence nous avait inspirée! Comme il était heureux, nous le savons, de voir renaître dans cette cité d'Arras si chère à son cœur un culte qui avait été une de ses gloires dans les siècles passés !

Les belles verrières que sa générosité et celle de sa digne famille ont fait placer dans un des bras du transept de cette église, ne seront-elles pas une preuve permanente de sa vive sympathie pour une œuvre que Dieu et la sainte Vierge ont conduite à si bonne fin ?

N'est-ce pas cette sympathie que vous avez voulu reconnaître en lui conférant par vos suffrages unanimes le titre de Mayeur titulaire de votre Confrérie ; et c'est dans l'exercice même de cette dignité qu'il a été ravi à notre affection.

Voilà donc, chers Messieurs, quelques rapides traits de la vie chrétienne de M. Maurice Colin. Aussi en face de la mort qui est venue si soudainement le surprendre il s'est trouvé préparé. Pendant les courts instants qu'elle lui a laissés, il a su dans toute la vigueur de son intelligence faire à Dieu le sacrifice de sa vie. C'est ainsi que ravi aux affections de sa famille éplorée, il est allé paraître devant Lui, et avec confiance il aura pu présenter, comme titres à la récompense éternelle, ces actes qui auront eu leur mérite, surtout dans ces temps où le regard chrétien s'arrête tristement sur de trop nombreuses défections. Nous pouvons donc lui appliquer ces paroles de nos saints Livres : *Beati mortui qui in Domino moriun-*

tur, requiescant a laboribus; opera enim illorum sequuntur illos. « Heureux ceux qui « meurent dans le Seigneur, ils se reposent de « leurs travaux ; car leurs œuvres les suivent. » (Apoc. xiv, 13.) Pour nous, Messieurs, sachons marcher sur les traces de celui auquel nous venons de rendre hommage, et tout en remplissant les devoirs imposés par nos diverses positions sociales, appliquons-nous avant tout à placer des trésors là où, selon la parole du Sauveur, les voleurs ne sauraient les enlever, ni la rouille les ronger.

Arras, imp. de la Société du Pas-de-Calais
P.-M. LAROCHE, dir.

www.ingramcontent.com/pod-product-compliance
Lightning Source LLC
Chambersburg PA
CBHW060904050426
42453CB00010B/1572